Der hl. Aloysius

Ein Heiligenleben in Bildern

Alois Epple

Biografische Information der Deutschen Nationalbibliothek: Die Deutsche Nationalbibliothek verzeichnet diese Publikation in der Deutschen Nationalbibliografie; detaillierte bibliografische Daten sind im Internet über dnb.dnb.de abrufbar.

Herstellung und Verlag: BoD – Books on Demand, Norderstedt

ISBN: 9783757878580

Vorwort

Der hl. Aloisius, der als Patron der studierenden Jugend gilt, ist ein großer Heiliger des Konzils von Trient und der (Gegen-)Reformation in der katholischen Kirche. Für Aloysius waren die hl. Eucharistie, ihr Empfang und ihre Verehrung, wie sie im Trientinum nachdrücklich herausgestellt wurde und was die Verschiebung des Tabernakels in die Mitte auf den Hochaltar nach sich zog, entscheidend in seinem Leben. Aloysius prüfte gründlich, in welchen Orden er eintreten solle. Schließlich trat er in den Jesuitenorden ein, dem Orden, der sich der Rekatholisierung verschrieben hatte. Bezeichnend ist auch sein Bezug zu einem weiteren Heiligen des Konzils von Trient, zum hl. Carl Borromäus. Von diesem empfing Aloysius zum ersten Mal die hl. Kommunion und beide starben, weil sie sich bei der Krankenpflege ansteckten. Aloysius war ein großer Marienverehrer und er gelobte schon in jungen Jahren, ein jungfräuliches Leben zu führen.

Der hl. Aloysius ist also einer der ganz großen Heiligen der sogenannten Gegenreformation was verständlich macht, dass sein Name als Vorname fast nur in katholischen Gebieten vorkommt.

Vor einigen Jahren fand ich eine Kupferstichserie zum Leben und Sterben des hl. Aloysius. Sie könnte um 1726, anlässlich der Heiligsprechung von Aloysius, in Augsburg gestochen und herausgegeben worden sein. Anhand dieser Bilder soll hier das Leben des hl. Aloysius erzählt werden.

Für Korrekturen bedanke ich mich bei Alfred Sommer und Gerhard Stumpf.

B. Aloysius prodigiose ope B Virginis
nascitur, prius baptizatus quam plene
natus
Der S. Aloysius wierdt nicht ohne Wunder durch Hülff
Mariae ehendter getaufft als völlig gebohren.   *1.*

Aloysius wurde am 9. März anno domini 1568 auf dem Schloss in Castiglione geboren. Noch während der Entbindung taufte eine Hebamme das Kind und so war schon, bevor die Geburt beendet, die Erbsünde von dem Neugeborenen genommen. Die Mutter aber gelobt bei glücklicher Geburt, eine Wallfahrt nach Loreto machen zu wollen.

Sobald es ihre Kräfte zulassen, verlässt Martha Tana di Santera ihr Bett, über dem das Wappen der Gonzagas mit Herzoghut angebracht ist, nimmt ihren gefatschten Erstgeborenen aus der Wiege, fällt auf die Knie und empfiehlt ihn „Maria mit dem Kinde lieb". Die hinter einer Wolke hereinbrechende Frühlingssonne wird überstrahlt vom himmlischen Licht, welches von Maria mit ihrem Kinde ausgeht und auf den Neugeborenen fällt. Es begegnen sich zwei Mütter mit ihren Erstgeborenen.

B. Aloysius prodigiosè ope B. Virginis
nascitur; prius baptizatus, quàm plenè
natus.

Der S. Aloysius wierdt nicht ohne Wunder durch Hülff Mariæ ehendter getaüfft
als völlig gebohren.

B Aloysius vix loqui valens, jam a
Matre Deum orare. B.V. & Sanctos
colere Docetur
Der S. Aloysius wierdt von seiner Frau Mueter in der
Andacht gegen Gott, Mariam, und allen HH unterwisen. 2

Als Aloysius ein Jahr alt war, legte Papst Pius V. (*1504, 1566 – 1572) in seinem Breve Consueverunt den Text des Ave Maria verbindlich fest und regelte die Form des Rosenkranzes für die ganze Kirche.

Martha Tana di Santera, die edel gekleidete, adelige Mutter des Aloysius, weist ihren Sohn auf ein Marienbild hin und überreicht ihm einen Rosenkranz. Dieser fällt andächtig betend vor dem Andachtsbild auf die Knie. An der linken Innenwand erkennt man wieder das Adelswappen der Gonzagas, rechts geht der Blick hinaus in den Park und die balkonartige Architektur des Schlosses von Castiglione.

Die besondere Verehrung der Gottesmutter, speziell im Rosenkranzgebet, wird für Aloysius zeitlebens wichtig sein, so wie es ihm seine Mutter von frühester Kindheit an gelehrt und ans Herz gelegt hat.

B. Aloysius vix loqvi valens, jam à
Matre Deum orare, B.V & Sanctos
colere docetur.

Der S. Aloysius wierdt von seiner Frau
Muetter in der andacht gegen Gott,
Mariam, und allen HH. unterwisen. 2

S Angelus Custos B. Aloysium ne rota
tormenti abrueretur, uti et ab aliis
periculis liberat
Durch beystandt des H.Schuz-Engls
wirdt Aloysius aus villen Lebensgefahr erödtet 3

Im Hintergrund sieht man auf einem Plateau die lombardische Stadt Casalmaggiore liegen: Häuser, Türme, Mauern. Als Fünfjähriger durfte Aloysius mit seinem Vater hierher ziehen, wo sich kaiserliche Truppen zu einem Feldzug sammelten.
Das Kind Aloysius ist wie ein Ritter gekleidet mit Brustpanzer und Schärpe und auf dem Kopf einen Helm. Zum Spaß hält er eine Lunte an eine Kanone und schon schießt diese mit Donner und Feuer los. War es Zufall oder Glück, dass dem Kind nichts geschah? Nein, es war sein Schutzengel, den er schon seit frühester Kindheit verehrte und der ihm immer zur Seite stand. Oben aber öffnet sich der Himmel und Licht bricht durch die Wolken auf die Erde.

Hier zeigt sich auch die Bedeutung der Schutzengelverehrung, die sich in der katholischen Kirche vor allem ab dem 15. und 16. Jahrhundert, also zur Zeit des Aloysius, verbreitete. Allerdings findet sich der Engel, der ein Kind beschützt, schon im Alten Testament bei Tobias und Raffael. Martin Luther kann hingegen nicht verstehen, dass sich Engel, so erhabene Wesen, um unwichtige Menschen kümmern und der Calvinismus lehnte die Vorstellung von Schutzengeln fast ganz ab.

S. Angelus Custos B. Aloysium ne rota
tormenti obrueretur, uti et ab alijs
periculis liberat.
Durch beÿstandt des H. Schüz-Engls
wirdt Aloysius auß villen Lebens-gesahr
erödtet.

3

Daemon ex Energumeno futura'(m) B. Aloy-
sij tune praefentis Sanctitatem praedicit.
Die grosse Heylikheit des S. Aloysij
wierdt von dem höllischen geist aus einem
besössenen vorgesagt 4

In einer Kirche nahe Castiglione erahnt man links den Hochaltar und zwischen zwei Fenstern hängt eine Kanzel an einem mächtigen marmornen Pfeiler.

Vor seinem Mitbruder steht ein Franziskaner, der im Ruf der Heiligkeit steht und von dem bekannt ist, dass er Wunder wirken kann. Vor diesem Ordensmann, dem eine Stola umhängt, schleift man einen Besessenen in Fußfesseln. Der Franziskaner liest aus einem Buch den großen Exorzismus und segnet den Teufelskranken, aus dessen Mund sogleich rauchartig der Teufel in Form einer Schlange ausfährt. Bei der Kanzel stehen vornehm gekleidete Zeugen dieser Teufelsaustreibung, unter ihnen auch zwei adelig gekleidete Kinder, nämlich Aloysius und sein Bruder. Der gerade von seiner Besessenheit Geheilte aber weist mit einem Finger auf Aloysius und röchelt. „Seht ihr den da? Ja, der wird in den Himmel kommen und eine große Glorie haben."

Neben der Teufelsaustreibung – Papst Paul V. wird 1614 im Rituale Romanum einen Ritus für den Exorzismus an Besessenen publizieren - spielt hier die Vorsehung eine Rolle. Schon als Kind war Aloysius für den Himmel bestimmt.

Dæmon ex Energumeno futuram B. Aloysij tunc præsentis Sanctitatem prædicit.

Die grosse Heyligkeit deß S. Aloysij
wierdt von dem höllischen geist auß einem
besossenen vorgelagt.

Noctu ad orandum surgere suectus B
Aloysius saepe prae frigore et lassitudine
in terram labitur
In Nächtlichen Gebett sünckht der S:
Aloysius offt aus Frost und Schwacheit
zu boden   5

In der Schlafkammer des Knaben, auf der Burg derer von Gonzaga in Castiglione, brennt noch eine Kerze in einem hoch platzierten Kerzenhalter an der Wand. Das Fenster ist von einem Vorhang verhängt. Das Bett ist leer. Auf der Bank neben dem Bett liegt die abgelegte Kleidung des Knaben, unter einem Schemel stehen seine Pantoffel. Aloysius kniet im dünnen Nachthemd frierend auf dem kalten Boden und lehnt sich erschöpft über einen Stuhl.

Das Bild zeigt eine Episode aus der Kindheit des Aloysius: Dieser wollte mit Kopfschmerzen ins Bett gehen. Da fiel ihm ein, dass er die Bußpsalmen noch nicht gebetet hatte. Er ließ sich deshalb eine Kerze bringen, schlief aber bald darauf betend ein. Die Kerze entfachte Feuer, das sich rasch ausbreitete. Aloysius konnte in letzter Minute gerettet werden.
Das Besondere an dieser Episode ist einmal die himmlische Rettung des Kindes vor dem Feuer, zum zweiten, dass schon das Kind Aloysius versteht, dass er – und der Mensch allgemein - Buße leisten muss, dass er sich trotz Müdigkeit bemühen muss, das durch sein Versagen gestörte Verhältnis zu Gott wieder herzustellen.

Noctu ad orandum surgere suetus B.
Aloysius sæpe præ frigore et lassitudine
in terram labitur.

In Nächtlichen Gebett sünckht der H:
Aloÿsius offt aus Frost ünd Schwacheit
zü boden. 5.

B. Aloysius novennis rem Bᵃ V. gra=
tissimam facere volens Virginitatem
vovet quam tumulo intuli
Der S. Aloysius gelobet zu ehr Mariae
der Jungfrauen die Ewige Jungfraw=
schafft 6

Im Jahre 1577 brachte der Markgraf Don Ferrante de Gonzaga seine beiden Söhne Luigi (=Aloysius) und Rudolfo nach Florenz an den Hof des Großherzogs Francesco de Medici.

Der zehnjährige Prinz kniet vor dem Altar in der linken Seitenkapelle der Servitenkirche Santissima Annunziata in Florenz. Das dort hochverehrte Altarbild zeigt die „Verkündigung Mariens". Hier legt Aloysius das Gelübde ab, der Gottesmutter seine Jungfräulichkeit zu opfern, und gelobt ewig Keuschheit. Der adelig gekleidete Page hält sein brennendes Herz dem Marienbild und dem darunter stehenden Kruzifix entgegen. Damit verzichtet er auf Nachkommen, was bei einem Adeligen seines Standes fast gleichbedeutend ist mit dem Verzicht auf Herrschaft und Macht. Und so liegen neben ihm eine Krone und ein Herzoghut, welche er nicht annehmen wird.

Dieses Bild erinnert an die begeisterte Marienverehrung des Aloysius und seinen Wunsch nach einem zölibatären Leben. Aloysius stellte sein Leben unter den Schutz und Schirm der Gottesgebärerin. Die Einstellung zu Maria und zum keuschen Leben war aber gerade während der Gegenreformation eines der offenkundigsten Kriterien, welche die Katholiken von Lutheranern und Calvinisten unterschied.

B. Aloysius novennis rem B.ᵉ V. gra-
tissimam facere volens Virginitatem
vovet, quam tumulo intulit.
Der H. Aloysius gelobet zü ehr Mariæ
der Jungfraüen die Ewige Jüngfraw-
schafft.

Tanto cum dolore Confessionem peragit
B. Aloys. ut in deliquium laberetur.
Der H. Aloysius fahlet in der beicht
aus grösse der Reue in ein ohnmacht 7

Auf dem Mittelbild des von Akanthus umrankten Triptychons des Hochaltars im Hintergrund erkennt man verdunkelt die Immaculata. Im Seitenschiff der Marienkirche sitzt ein Priester im Beichtstuhl. Über seinem Talar liegt die Stola, auf dem Haupt trägt er ein Birett und in einer Hand hält er das Beichttuch. Der vor ihm kniende Knabe Aloysius, mit einem Rosenkranz in der Hand, fällt „aus grösse der Reue" in Ohnmacht. Sein Erzieher mit einem Knaben stürzen herbei, um ihm aufzuhelfen.

Hier ist die erste hl. Beichte von Aloysius zu sehen. Der Knabe hatte sich gründlich auf den Erstempfang dieses Sakramentes vorbereitet. Er schämte sich ob seiner Sünden so, als wäre er der größte lebende Sünder. Sein Biograph Cepari SJ erzählt: „Kaum hatte er sich zu den Füßen des Beichtvaters niedergeworfen, als er in Ohnmacht fiel, so daß der Erzieher ihm beispringen und ihn nach Hause führen musste."

Welch' große Bedeutung die Beichte für Aloysius zeitlebens hatte, zeigt sich schon bei seiner ersten Beichte. Und wenn Luther meinte, dass der Mensch gar nicht fähig ist, eine vollkommene, alle Sünden umfassende Reue zu empfinden, da er nur einen Teil seiner Sünden erkennen kann, dann denkt Aloysius, gerade deshalb muss ich eine intensive Gewissenserforschung vor der Beichte machen.

Tanto cum dolore Confessionem peragit
B. Aloys, ut in deliqvium laberetur.

Der H. Aloysius fahlet in der beicht
auß grösse der Reise in ein ohnmacht.

7

B. Aloysius SS.^am Eucharistiam prima
vice e manibus Divi Caroli Borromaei
accipit
Der S. Aloysius empfahet das H. Sacra=
ment des Altars zum ersten auß den hend
des H. Caroli Borromaei 8

Im Juli 1580 kam Kardinal Karl Borromäus, Erzbischof von Mailand, auf einer Visitationsreise auch nach Castiglione. Während seines Aufenthalts unterrichtete er den zwölfjährigen Luigi, empfahl ihm, oft im römischen Katechismus, den der hl. Papst Pius V. (*1504, 1566 – 1572) nach den Ergebnissen des Konzils von Trient veröffentlichte, zu lesen und gab ihm erstmals die hl. Kommunion.

Aloysius, im Festtagsgewand, kniet vor dem Kardinal, der ihm die hl. Kommunion reicht. Von den beiden Ministranten hinter Luigi hält einer eine Patene unter des Knaben Mund, der andere ein Vortragskreuz. Rechts steht ein weiterer Ministrant mit einer Schüssel zur Purifikation der Finger des Priesters und des Kelches. Bei der Altarstufe knien Luigis Eltern, sein Bruder Rudolf und seine Schwester Isabella. Von oben aber schwebt ein Engel herab. Er hält eine Lilie und zeigt auf Maria, welche dem auf einer Wolke knienden Aloysius entgegen schwebt. Sie hat ihre Arme ausgebreitet, so als würde sie schon jetzt Luigi im Himmel empfangen.

Das Konzil von Trient hielt fest, dass Leib und Blut Christi in Brot und Wein „wahrhaft, wirklich und wesenhaft gegenwärtig ist". So macht auch die Erstkommunion durch Karl Borromäus, dem bedeutenden Vertreter der katholischen Reform nach dem Trienter Konzil, Aloysius zu einem großen trientinischen Heiligen.

B. Aloysius SS.^m Eucharistiam prima
vice è manibus Divi Caroli Borromæi
accipit.

Der H. Aloysius empfahet das H. Sacra=
ment des Altars zum ersten auß den hende
des H. Caroli Borromæi.   8

B. Aloysius nullam faeminam ne
Imperatrice'(m) quidem licet triennio in
aula versatus de facie conspexit.
Der S. Aloysius schauet niemallen kein Weibsbüldt auch so
gar die Khayserin selbsten nicht an.   9

Am königlichen Hof in Madrid war Aloysius
Leibpage des Prinzen Diego. Dort besuchte er fast
täglich mit dem Prinzen dessen Großmutter, Maria
von Spanien, Tochter Kaiser Karls V., Gemahlin von
Maximilian II. und Mutter der Kaiser Matthias und
Rudolf II.

Im Innenhof des königlichen Palastes am spanischen
Hof in Madrid begegnet Aloysius und andere
Edelknaben der Kaiserin, die mit ihrem weiblichen
Gefolge gerade aus der Palasttüre tritt. Während sich
ein Edelknabe, galant seinen Hut schwenkend, vor
der Kaiserin tief verneigend, ihre Hand küsst,
während die andere Pagen interessiert dreinblicken,
wendet Aloysius seine Blicke von der Kaiserin und
den Hofdamen ab, um ja nicht von den Reizen der
Weiblichkeit versucht zu werden.

Der hl. Aloysius gilt als der große Heilige der
Reinheit. Für ihn war ein zölibatäres Leben ein
besonders geeigneter Weg zum ewigen Leben und
deshalb ging er jeglicher Versuchung aus dem Weg.
Auch hier zeigt sich Aloysius als großer Heiliger des
Konzils von Trient, auf dem das Enthaltsamkeits- und
Ehelosigkeitszölibat umfassend durchgesetzt wurde.

*B. Aloysius nullam fœminam, ne
Imperatriec) quidem licet triennio in
aula versatus de facie conspexit.*

Der S. Aloysius schauet niehmallen kein
Weibsbüldt, auch so gar die Khayserin
selbsten nicht an.   9

B. Aloysius Mathematicas demontrati=
ones in Schola auditas domi ad amussim
exactissime dictat.
Die in der Schuel gehörte Mathematische Erkhlerungen
widerholet der S. Aloysius
zu haus ganz genau.   10

Auf diesem Simultanbild sieht man im Hintergrund
eine Mathematik-Vorlesung: Ein Professor im Talar
liest auf einer Kanzel. Seinem Vortrag losen zwei
Personen auf einer Empore und zwei Schüler – einer
davon Aloysius mit Strahlennimbus - auf einer Bank
zu Füßen des Dozenten. Im Vordergrund zeigt sich
ein Studierzimmer: An der Wand neben dem Fenster
steht ein Regal mit Büchern und Globen. Ein Jüngling
sitzt eifrig schreibend an einem Tisch. Aloysius
diktiert ihm, was er zuvor in der Vorlesung gehört
hatte. Dabei weist er auf das Kreuz, welches auf dem
Tisch steht, hin.

Jede Wissenschaft, auch die Mathematik, ist im
Schatten des Gekreuzigten zu sehen und zu
verstehen. Echte wissenschaftliche Erkenntnis setzt
den Glauben voraus. Beide schließen sich nicht aus.
Aloysius gilt deshalb als Patron der studierenden
Jugend. Die beiden Globen könnten ein Hinweis sein,
dass Aloysius als Kind beabsichtigte, einmal in die
Mission zu gehen, wie der große Jesuit Franz Xaver.

B. Aloysius Mathematicas demonstrati-
ones in Schola auditas domi ad amussim
exactissimè dictat.
Die in der Schüel gehörte Mathematische
Erkhlerüngen widerholet der H. Aloysius
zü haüß ganz genaw.   10

Cibi quantitas, quam B. Aloysius
sumebat bilanci appensa unciam non
excedebat.
Die Nahrung, dero sich der S. Aloys.
gebrauchte, wägte nicht mehr, als ein
Unzen   11

Aloysius fastete in der Woche dreimal: Samstags zu Ehren der allerseligsten Jungfrau, Freitags in Erinnerung an das Leiden und Sterben Jesu und Mittwochs, am Abend vor dem Verrat des Judas. Für Aloysius reinigt das Fasten nicht nur den Körper, sondern vor allem Geist und Seele. Auch Christus fastete vor seinem öffentlichen Auftritt 40 Tage lang. So war das Fasten für Aloysius ein wichtiges Mittel der Nachfolge Christi.

Der edel gekleidete Aloysius sitzt zu Tisch in einem barocken Palastzimmer. Zwei Brotstücklein und ein Kännlein, mit Wasser gefüllt, stehen vor ihm. Er hält sein Fastenmahl. Unmöglich, dass man mit so wenig Speisen gut leben kann, dachten nicht nur die Hofleute, denn seine Speise wog nicht einmal eine Unze. In seinen letzten Lebensjahren ließ Aloysius sich das wenige, das er aß, abwiegen, wie hier in Hintergrund zu sehen. Er wollte nur so viel essen, wie zum Leben unbedingt nötig ist; alles übrige wäre Verschwendung. An der Rückwand hängt ein Gemälde. Man kann erahnen, dass auf dem Bild zwei Wanderer und eine steile Treppe, der beschwerliche Weg zum Himmel, dargestellt sind. Im Vordergrund liegt auf einem Hocker ein Hut, ähnlich dem eines Kardinals; ein Hinweis, dass Aloysius sich kirchlichen Würden, die ihm, als einem aus dem Hause Gonzaga, zustehen würden, verweigern wird?

Cibi quantitas, quam B. Aloysius
sumebat, bilanci appensâ unciam non
excedebat.

Die Nahrüng / dero sich der S. Aloys.
gebrauchte / wägte nicht mehr / als ein
Ünzen.

11

27

B. Aloysius canum loris, funibus Ca=
tenis se flagellat, equorumque calcaribus
cinqit, et asserculo indormit.

Der S. Aloysius geyßlet sich mit rüehmen undt strükhen
umbgürtet sich mit sporen ruehet auff bretlein. 12

In der Mitte eines Schlafgemaches steht ein großes,
noch unberührtes Himmelbett. Dahinter erahnt man
ein Altärchen, auf welchem eine Kerze den Raum
erhellt. Sein Licht erreicht nicht den Tisch vor dem
Bett, auf welchem „rüehmen undt strückhen und
sporen" liegen. Es erhellt jedoch den Knaben Aloyius,
der vor einem Kreuz, das auf einer Mensa steht, kniet.
Er geiselt seinen nackten Oberkörper und blickt zum
Gekreuzigten auf. Er will mit Christus leiden. Vor ihm
auf dem Boden liegt die Krone, die er ablehnen wird,
und eine Lilie, Zeichen der Jungfräulichkeit, die er
sein Leben lang sich erhalten wird.

Der hl. Ignatius von Loyola schreibt: „Das soll ein
jeder bedenken, dass er in allen geistlichen Dingen
nur insoweit Fortschritte machen wird, als er
herausspringt aus seiner Eigenliebe, seinem
Eigenwillen und seinem Eigennutz".

B. Aloysius canum loris, funibus, ca=
tenis se flagellat, equorumq calcaribus
cingit, et asserculo indormit.
Der S. Aloysius geißlet sich mit rüehmen
ündt strükhen, ümbgürtet sich mit sporen
rüehet auff bretlein.   22

B Aloysius senem minus honesta coram
iuvenibus loqventem corripit fugitque
Einen vor denen Jungen unehrbar
rädendten Alten bedrohet und fliecht
der S. Aloysius 13

Vor einem Palast. Im Hintergrund schafft eine Loggia
den Übergang zum Park. Vor dem Palasteingang steht
ein Alter, bemantelt, beschuht und behutet. Die Mütze
unter dem Hut ist bis zu den Ohren herunter gezogen
und verdeckt seinen altersbedingten Glatzkopf. Aus
seinem Mund streckt er, durch seinen Bart, die Zunge.
Mit einem Finger unterstützt er sein Geschwätz. Drei
vornehm gekleidete Edelknaben umstehen ihn und
hören beeindruckt seine „unehrbaren" Andeutungen.
Aloysius aber verlässt rasch seine Spielgesellen. Er eilt
auf eine Türe zu. Bevor er diese jedoch öffnet,
ermahnt er noch, mit erhobenem Zeigefinger, seine
Kameraden, dem lüsternen Alten nicht zuzuhören,
denn Wissenswertes oder gar Weisheit kommt aus
dem Munde des alten Wichtigmachers jedenfalls
nicht. Nur dümmliche Knaben kann er damit
beeindrucken.

B. Aloysius senem minus honesta coram
invenibus loqventem corripit fugitq.

Einen vor denen Jungen unehrbar
rädendten Alten bedrohet ünd fliecht
der H. Aloysius.

13

B. Aloysius in lusu a Victore umbram
Puellae osculari inssus fugit nunquam ta=
lem lusum repetiturus
Der S. Aloysius im spüll gehayssen den
schaten einer Freülin zu khüssen flieht
undt verlast das spüll   14

Da sitzen sie, vier gelangweilte Fräulein, aufwendig gekleidet. Ihre einzige Aufgabe wird in den nächsten Jahren sein, zu heiraten, Kinder zu bekommen. Jetzt aber verschwenden sie ihre Zeit mit einem Brettspiel. Da fällt dem Galan, der bei ihnen neben dem Tische sitzt, ein anderes Spielchen ein und die gelangweilten, unbenötigten Dämchen freuen sich über den Einfall, denn das Spielchen ist ein wenig anzüglich, ein wenig gar erotisch, aber nur so viel, dass es noch schicklich ist. - Es ist schon dämmrig im Zimmer und deshalb hat man eine Kerze entzündet und diese wirft schon den Schatten einer Dame an die Wand mit großblättrigen Akanthustapeten.

Der lüsterne Galan fordert den Knaben Aloysius auf: „Prinzchen, küss doch den Schatten der Dame an der Wand. Irgendwann wirst du eine richtige Dame küssen müssen und da ist es gut, wenn du jetzt schon mit einer Trockenübung beginnst!"

„Was soll denn dieser Schwachsinn", denkt sich der edel gekleidete Prinz Aloysius, „bin ich denn hier, um den Schwachsinn Gelangweilter zu befriedigen? Und übrigens hab ich auch später nicht vor, zu heiraten!"

Für solche dekadenten, frivolen Spielchen ist er sich zu schade, denkt er und verlässt das Zimmer.

B. Aloysius in lusu à Victore umbra
Puellæ osculari iussus fugit, nunquam ta-
lem lusum repetiturus.

Der S. Aloysius im spüll gehaißen den
schaten einer Freülin Zükhüßen flieht
ündt verlaßt das spüll.

14

B. Aloysius Fratres suos propositis in
praemium bellarijs in fide et pietate
instruit.
Der S. Aloysi unterweiset seine Brüeder
in Glauben undt Andacht mit versproch=
enem Zukherwerkh.

Hinter einer Palastterrasse öffnet sich eine italienische Landschaft mit mediterranen Bäumen. Eine Brücke spannt sich über einen Fluss. Die Burg auf einem Hügel erinnert an Castiglione, wo Aloysius geboren wurde und wo er seine Kindheit verbrachte. Romantische Idylle.

Der schon herangewachsene, höfisch gekleidete Aloysius unterweist seine beiden Brüder, Rudolfo und Francesco, im Glauben. Er lehrt sie mit gefalteten Händen zu beten und sich zu bekreuzigen. Dafür belohnt er sie mit Süßigkeiten, welche vor ihm auf einem Tisch liegen.

B. Aloysius Fratres Suos propositis in
præmium bellarijs in fide et pietate
instruit.
Der H. Aloysi₉ ünterweiſet ſeine Drüeder
in glaüben ündt Andacht, mit verſproch:
enem Zükherwerkh.

25

B. Aloysius claram et distinctam
vocem ex imagine B.V. audijt qua
soc: JESU ingredi iubebatur
Der S. Aloys. wierdt von unser Frauen
bildt mit khlarer stim vermahnt die So=
cietet JESU einzutreten. 16

Es ist das Fest Mariä Himmelfahrt anno Domini 1583. Luigi kniet vor dem Gnadenbild „Unserer Lieben Frau" in der reichen Kapelle des kaiserlichen Kollegs der Gesellschaft Jesu in Madrid. Inbrünstig, zu Maria aufblickend, bittet der noch unsichere Aloysius um den richtigen Entschluss: „Maria, Gottesgebärerin, in welchen Orden soll ich eintreten?" Da hört er klar und deutlich die Stimme der Himmelskönigin: „Tritt in die Gesellschaft Jesu ein. Sprich aber noch darüber mit deinem Beichtvater". Mariens Antwort und Aufforderung sendet der Geist in Form des IHS-Zeichens (Iesus Habemus Socium) auf den Jüngling, eine Darstellung, welche an die Verkündigung Mariens erinnert. Somit könnte der Engel in den Wolken Gabriel sein. Maria zeigt sich als apokalyptisches Weib, mit dem Mond unter ihren Füßen und zwölf Sternen um ihr Haupt. Sie ist als Himmelskönigin gekrönt und hält ihren Sohn auf ihrem Arm. Zu Füßen des Aloysius aber liegt ein Gebetbuch und eine blühende Lilie. Gebet und seine Reinheit bringt Aloysius Maria dar.

Auch dieses Bildchen zeigt wieder, warum Aloysius als einer der großen Heiligen der kath. Reformation, die vom Trientinum ausging, genannt werden kann: Es waren die Jesuiten, die „Trient" verbreiteten und ins Volk trugen. Hierbei spielte auch die Marienverehrung eine wichtige Rolle.

B. Aloysius claram et distinctam
vocem ex imagine B. V. audist qua
Soc: JESU ingredi iubebatur.
Der S. Aloys. wierdt von Vnser Frauen
bildt mit khlarer stim vermahnt die So=
cietet JESU einzutreten. 16

B. Aloysius a Patre veniam Societatem
Jesu ingrediendi petit, sed minas
impetrat.
Der S. Aloys: begehret von sein H. Vatter
erlaubnus die Societet einzutreten
wierdt aber scharff bedroht   17

Don Ferrante von Gonzaga, Markgraf von Castiglione, sitzt auf einem Stuhl, dessen hohe Rückenlehne das von Akanthus gerahmte Wappen seiner Gonzagalinie zeigt. Mit einem Finger weist er auf eine Geisel und eine Rute, die er bei Aloysius gefunden hat. Sein Sohn aber bittet ihn gerade um die Erlaubnis, bei den Jesuiten eintreten zu dürfen, und überreicht ihm eine Schrift, auf der geschrieben steht: REGUI SOCIES: Für den Vater aber steht fest: alles darf sein Sohn Luigi werden, nur kein Jesuit, denn Jesuiten können keine Päpste werden.

Um den Markgrafen gruppieren sich Edelmänner und Geheimräte, nobel gekleidet, wissend und intelligent dreinschauend und doch erstaunt von dem Verlangen des jungen Erbfolgers. Was versteht das Kind schon von seiner Zukunft? Arroganz der Alten.

Ein Hund liegt winselnd am Boden. Ein Hund folgt seinem Herrn, Aloysius aber will seinem Vater nicht folgen! Man muss Gott mehr folgen als dem Mammon.

B. Aloysius à Patre veniam Societatem
Iesu ingrediendi petit, sed minas
impetrat.

Der S. Aloys: begehret von seinē H. Vatter
erlaübnüs die Societet einzutreten,
wierdt aber scharff bedrohet.   17

B. Aloysius ad deserendam vocatione[m]
a variis at semper irrito tentatur
Der S. Aloysius wierdt von villen / ooft
unterschidlich / doch vergebens in seinem H. berueff
versucht 18

Aloysius hat seinen Entschluss gefasst: Er will Jesuit werden. Das strahlende Jesuitensymbol IHS, gehalten von einem Engel im Himmel, bestrahlt und erleuchtet ihn. Deshalb will er verzichten auf seinen Herrschaftsanspruch – rechts im Vordergrund liegen Helm und Szepter - und weltliche Lustbarkeiten – er setzt seinen Fuß auf einen Spielball, hinter dem eine Laute liegt. Sein Vater schickte Adelige zu Aloysius. Sie sollen seinen Sohn zur Vernunft bringen. Diese haben sich auf einer Gartenterrasse um Aloysius versammelt, um ihm seinen Wunsch auszureden. Links zeigt Luigis kinderloser Onkel Alfonso auf den Boden und spricht: „Auf dies alles willst du verzichten? Da ich kinderlos bin, würde ich dir auch einmal meinen Besitz vererben!" Dann steht da noch ein Adeliger mit einer Krone am Arm und einem Fürstenhut in der Hand und meint: „Du würdest einmal Markgraf werden und vielleicht noch mehr!". Und hinter diesem hält ein Dritter einen Sack voll 1000 Münzen und stellt an Aloysius die Frage: „Auf all den Reichtum willst du verzichten?" Aloysius aber weist zum Himmel und sagt mit gefestigter Stimme: „Ja, um des Himmelreiches willen!"

B. Aloysius ad deserendam vocatione̅
à varijs at semper irrito tentatur.

Der S. Aloysius wierdt von villen, offt
unterschidlich, doch vergebens in seinem
H. berüeff versucht.

28

Dum Parens per ianuae rimam videt
B Aloysium se caedentem, vocationi eius
annuit
Der S. Aloysius erhaltet durch sein
stete Casteijung die Erlaubnus seinen H.
berueff nachzukhommen 19

Das Bett im Hintergrund ist noch unberührt. Aloysius, abgemagert vom vielen Fasten, kniet mit entblößtem Oberkörper, vor einem Kreuz und geiselt sich. Hinter der Schlafzimmerwand, in ihrem Schatten, sitzt der von Gicht geplagte Vater und verfolgt die Selbstkasteiung seines Sohnes. Drei Personen bei ihm blicken sich nachdenklich und fragend an. Wird Aloysius durch sein Tun den väterlichen Willen brechen und ihm die Erlaubnis abtrotzen, Jesuit zu werden?

Schließlich gibt sein Vater nach. Er schreibt an den zukünftigen Kardinal Scipione Gonzaga, einem nahen Verwandten, nach Rom, er möge den Jesuitengeneral bitten, Aloyisus bei den Jesuiten aufzunehmen, die väterlicher Zustimmung hat er, wenngleich etwas widerwillig.

Dum Parens per ianuæ rimam videt
B. Aloysium se cædentem, vocationi ejus
annuit.
Der H. Aloysius erhaltet durch sein
stete Casteijung die Erlaübnüs seinen H.
beruëff nach zukhomen.

B. Aloysius Marchionatum et opes
Rudolpho Fratri minori resignat
Der S. Aloysius übergibt das Margraff-
thumb undt alle Wuerde seinem Jüngern
Brueder   20

Man schreibt den 2. November anno Domini 1585. Im Palast der Gonzagas in Mantua, dem Stammsitz des stolzen Geschlechtes der Gonzagas, haben sich Mitglieder dieses Hause versammelt. Der fürstlich gekleidete Aloysius steht vor einem Tisch. Auf diesem liegt eine Geisel, hängt über den Rand ein Rosenkranz, steht ein Kreuz, befindet sich ein Birett und ist eine aufgeschlagene Bibel. Der edle Prinz schwört auf die Bibel, auf seinen Herrschaftsanspruch über die Herrschaft Gonzaga-Castiglione zu verzichten. Dabei überreicht er eine Landkarte mit den eingezeichneten gräflichen Besitzungen seinem Bruder Rudolf. Dieser soll die Krone, die neben diesem auf dem Tisch liegt, einmal tragen. Dabei spricht Luigi die tiefsinnigen Worte zu seinem jüngeren Bruder: „Was glaubst du, Bruder, wer von uns beiden ist heute der Glücklichere?" Ohne eine Antwort abzuwarten verlässt Aloysius den Saal.

B. Aloysius Marchionatum et opes
Rudolpho Fratri minori resignat.

Der S. Aloysius übergibt das Margraff=
thumb undt alle Würde seinem Jüngern
Brüeder.   20

B. Aloysius ad Tyrocinium Societatis
JESU iturus Patri, matri, suis vale
ultimum dicit.
Der S. Aloysius beurlaubt Vater undt
Muetter undt rayset in das Probierhaus
der Societet JESU   *21*

Es ist der Allerseelentag des Jahres 1585. Man befindet sich im Palast der Gonzagas bei San Sebastiano in Mantua. Aloysius nimmt Abschied von seinem Vater, der ihn ein letztes Mal umarmt, von seinem Bruder Rudolf, der weinend daneben steht, von seiner Mutter, die sich die Tränen aus den Augen wischt, und von anderen bekümmerten, weinenden Frauen. Die Palastfenster sind voll von neugierigen Blicken, welche trauernd Aloysius' Abschied mitverfolgen. Im Palasthof hält schon ein Diener ein Ross im Zaum, wartend auf Luigi. Das Pferd soll ihn nach Rom in das Noviziat der Jesuiten tragen. Hier soll ihm eine Probezeit letzte Sicherheit geben, dass er die richtige Entscheidung gefällt hat.

B. Aloysius ad Tyrocinium Societatis
JESU iturus Patri, Matri, suis vale
ultimum dicit.
Der H. Aloysius beürlaübt Vater ündt
Müetter ündt raijset in das Probierhaüß
der Societet JESU.   21

B. Aloysius a P. Claudio Aquaviva Generali
ad Societatem JESU suscipi flexis genibus
rogat.
Der S. Aloysius begehret khnüendter von
P. Claudio Aquaviva in die Gesellschafft JESU
aufgenommen zuwerden 22

Rom, 23. November 1685, Il Gesu, Professhaus der
Jesuiten.
Ein strahlendes IHS-Zeichen über drei Nägeln zeigt
Aloysius, dass er sich am richtigen Eingang befindet.
Da öffnet sich die Türe und heraus   tritt der
Ordensgeneral der Jesuiten, Pater Claudio Aquaviva,
um Aloysius in Empfang zu nehmen. Dieser hält, als
Zeichen seiner Reinheit, eine Lilie und legt seine
Fürstenkrone auf der Stufe des Einganges ab. Kniend
bittet er um Aufnahme in das Noviziat der Jesuiten.
Beide werden sogleich in das Haus gehen und
Aloysius wird seine Prinzenkleidung mit einer
Soutane tauschen.
Im Rücken des angehenden Jesuiten stehen betrübt
seine Begleiter. Einer weint sogar. Gleich nach seiner
Ankunft in Rom hat er ihnen noch einen
Anstandsbesuch abgestattet. Es sind die Kardinäle
Varnese, Allesandrino, d'Este und Medici. Aloysius
war ihnen im adeligen Stand gleichrangig.

B. Aloysius à P. Claudio Aquaviva Generali
ad Societatem JESU suscipi flexis genibus
rogat.
Der H. Aloysius begehret khnüendter von
P. Claudio Aquaviva in die Gesellschafft JESV
aufgenomen zuwerden. ZZ

49

B. Aloysius Tyrocinium Salutat Haec
requies mea in Saeculum Saeculi; hic
habitabo
Der S. Aloysius begrüeset den Novitiat
mit diesen worthen: da ist meine Ruehe
in alle ewikheit: da will ich wohnen   *I*

Aloysius befindet sich im Jesuiten-Novitiat St. Andreas in Rom. Er ist nun 17 Jahre und acht Monate alt. Als er dort sein Zimmer betrat sagte er: „Haec requies mea in saeculum saeculi, hic habitabo quoniam elegi eam".

Über der Soutane ein Chorhemd tragend kniet er vor dem Bild eines Jesuiten – wohl des Ignatius von Loyola. Dieser hatte einen Orden gegründet, um das Papsttum zu verteidigen und die von Trient ausgehenden Reformen im Klerus durchzusetzen und unters Volk zu bringen. Das durch ein Hintergrundfenster einfallende Licht erhellt das Heiligenbild und das darüber strahlende Jesuitensymbol IHS. Ein strahlender Nimbus umgibt das Haupt von Aloysius. Er hält ein Kreuz. Vor ihm liegen Geisel und Holzrolle zur Kasteiung. An der verschatteten Hintergrundwand hängt ein weiteres Heiligenbild, ein Hinweis auf die von den Protestanten abgelehnte Heiligenverehrung der Jesuiten. Auf dem Tisch an der Rückwand stehen einige Bücher - Zeichen der jesuitischen Gelehrsamkeit, um den Häretikern entgegentreten zu können. Ansonsten ist der Raum nüchtern aufgeräumt, ein Stuhl, zwei Kästen. Er zeigt sich im Gegensatz zu den Palasträumen, in welchen sich Aloysius früher aufhielt.

B. Aloysius Tyrocinium Salutat: Hæc
requies mea in Sæculum Sæculi; hic
habitabo!

Der P. Aloysius begrüeset den Noviciat
mit disen worthen. Da ist meine Rüehe
in alle ewitheit: da will ich wohnen! I

B. Aloysius frequenti rerum coelestium
confideratione terrena contemnere discit
et docet
Der S. Aloysius lehrnet undt lehret das
Irdische aus betrachtung des Himlischen
zu verachten   II

Aloysius, bekleidet mit Soutane und Chorhemd, belehrt Jugendliche, die dessen Standes sind, dessen er einmal war. Er erklärt ihnen den Weg, den er gegangen ist und der sich lohnt zu gehen: Er hat auf seinen Erbanspruch verzichtet, darum steht vor ihm auf dem Boden eine Krone. Er hat schon in jungen Jahren Jungfräulichkeit gelobt, deshalb liegt vor ihm auf dem Tisch eine Lilie. Das Buch daneben aber ist das Evangelium. Es ist der Wegweiser zum ewigen Heil.

Aloysius unterrichtet seine Schüler. Er erklärt ihnen, was für sein Leben wichtig und was unwichtig ist. Wichtig ist ein lilienreines, machtloses, am Evangelium orientiertes Leben zu führen. Unwichtig sind Ruhm und Reichtum und Herrschaft. Denn am Ende des Lebens wird das Leben gewogen. Dann wird der Engel des Herrn kommen und die guten und die bösen Taten gegeneinander wiegen. In einer Schale liegt dann eine Krone, in der anderen Schale befindet sich dann auch eine Lilie.

B. Aloysius frequenti rerum cælestium
consideratione terrena contemnere discit
et docet.

Der H. Aloysius lehrnet ündt lehret das
Irdische auß betrachtüng deß Himlischen
Züverachten.   II

B. Aloysius vovet DEO perpetuam Pau=
pertatem, Castitatem et obedientiam in
Societate JESU
Der S. Aloysius gelobet Gott die Ewige
demuth kheischheit, undt gehorsam in der
Gesellschaft Jesu   III

Am 25. November 1585 begann für Aloysius das Noviziat in San Andreas in Rom.
Ein Priester im Messgewand zelebriert am Altar. Er hat seine Hände über den Kelch gebreitet, blickt zum Kreuz auf und spricht die Wandlungsworte. Zwei Ministranten assistieren ihm. Auf der Altarstufe kniet auch Aloysius im Ordensgewand der Jesuiten. Er liest die priesterlichen Gebete mit. Vor dieser heiligen Handlung flieht ein oben unbekleidetes Weib mit wallenden Haaren, begleitet von Amor. Ein verschatteter Teufel schaut entsetzt auf die heilige Handlung zurück, bevor er sich den Fliehenden anschließt. Gegenüberr dem Altar befindet sich eine Kanzel, auf der das Wort Gottes erläutert wird. An den Brüstungen sind Heiligenbilder eingelassen. Auch Heilige werden Aloysius auf dem Weg in den Himmel begleiten, wie es das Trientinum lehrt.

B. Aloysius vovet DEO perpetuam Pau-
pertatem, Castitatem et obedientiam in
Societate JESV.
Der S. Aloysius gelobet Gott die Ewige
armueth kheischeit, undt gehorsam in der
Geselschafft JESU.   III.

Abbas quidam modestia B. Aloysis de=
lectatus, studys etiam absolutis scholas
frequentat.

Ein Praelat die züchtige geberden Aloysij
anzusehen, begübt sich nach vollendten
Studien widerumb in die Schuell   IV

Jesuiten-Novizen schreiten in sich gekehrt über das unruhige Kopfsteinpflaster und ziehen paarweise in das Novizenhaus St. Andreas auf dem Capitol in Rom ein. Unter ihnen schreitet auch Aloysius. Er hat demütig seinen umstrahlten Kopf leicht gesenkt. Ein kräftiger Torbogen wölbt sich beschützend über die angehenden Jesuiten. Vor einer Palastecke mit mächtigen Eckquadern stehen ein Prälat, ein Ehrenmann und ein pagenhaft gekleidetes Kind. Sie verfolgen gespannt den Einzug. Der Geistliche mit seinem Galero weist seine Begleiter auf den Novizen Aloysius hin. Er erkennt die geistliche Demut und die geistige Kraft, mit der Luigi auf die Eingangstüre zuschreitet. Er erahnt, dass eine himmlische Aurora diesen Novizen umgibt. Und deshalb entschließt er sich spontan, wieder auf die Schule zu gehen, um noch weiter in die Tiefen und Geheimnisse des Glaubens einzudringen.

Wohl zwei Dinge will uns dieses Bild lehren: Noch im reifen Alter sollte man sich mit seinem Glauben beschäftigen und in ihn eindringen. Durch tiefe Gläubigkeit kann schon ein Jugendlicher ausstrahlen, beeindrucken und beeinflussen.

Abbas quidam modestiâ B. Aloysij de=
lectatus, studijs etiam absolutis scholas
frequentat.

Ein Prælat die Züchtige geberden Aloysij
anzusehen begiibt sich nach vollendten
Studien widerumb in die Schüell. IV

57

B. Aloysius ut medium chartae folium
Confratri petenti dare possit, licentiam
a Speriore petit
Der S. Aloysius begehret von den Obern
erlaubnus seinem Mitbrueder ein blat
papier mitzutheilen   V

Eigentlich eine belanglose Begebenheit: In der Hintergrundbibliothek sitzt ein Mitbruder von Luigi lesend an einem Tisch. Eine geöffnete Türe führt in das Vordergrundzimmer. Hier hängen zwei aufwendig gerahmte Bilder übereinander an der Wand. Das obere Bild zeigt Christus mit Dornenkrone und Schilfrohr – ecce homo. Auf dem unteren Bild erkennt man das Brustbild eines Jesuiten. Der Ordensobere sitzt in einem ausladenden Stuhl an einem wuchtigen Schreibtisch, neben dem zwei Folianten, Zeichen jesuitischer Gelehrsamkeit, stehen. Er ist in ein schwarzes Ordensgewand gewandet, trägt sein Birett und blättert gerade die Seite eines Buches um, als Luigi auf ihn zutritt, ihm, seinem Vorgesetzten, ein Blatt Papier zeigt und bittet, seinem Mitbruder ein von diesem erbetenes Blatt geben zu dürfen.

Obwohl Aloysius, Adeliger von Geburt, es gewohnt war, Befehle zu erteilen, gilt auch für Aloysius seit seinem Eintritt bei den Jesuiten absoluter Gehorsam, auch im Kleinsten.

B. Aloysius ut medium chartæ folium
Confratri petenti dare possit, licentiam
à Superiore petit.

Der S. Aloysius begehret von den Obern
erlaubnus seinem Mit brüeder ein blat
papier mitzütheilen. V

B. Aloysius a B.V. donum Castitatis
accipit Corpus et mens eius omni motu
sensuque libidinis dum vixit, caruit
Der S. Aloysius empfahlet von Maria die Gnad
der Kheischeit, wierdt auch hiedurch von aller
begierlikheit des Sühns undt des Leibs befreiet VI

Der Novize Aloysius, mit Chorrock über der Albe gewandet, steht in einem römischen Garten vor einem blühenden Lilienbeet. Seitlich von ihm knien vornehm gekleidete Jünglinge, Edelknaben aus vornehmen Häusern. Einer von ihnen hat vom Novizen schon eine Lilie erhalten und riecht an ihr den wohltuenden Duft der Jungfräulichkeit. Dem daneben Knienden reicht Aloysius eine Lilie, um ihren wohltuenden Duft zu erfahren. Über dem umstrahlten Haupt von Aloysius bricht durch eine auseinanderreisende Wolke ein Engel von oben ein. Er hält für Luigi die Krone des Lebens bereit und gibt ihm eine aufgeblühte Lilie, damit sie dieser den Jünglingen weiterreiche.

Aloysius wird später auch als Patron der Keuschheit verehrt werden. Sie ist für den angehenden Jesuiten wie süßer Duft. Sie ist Voraussetzung, um Jesuit zu sein. Sie befähigt, den Dienst am Altare zu tun und das hl. Opfer dort darzubringen.

B. Aloysius à B. V. Donum Castitatis
accipit. Corpus et mens ejus omni motu
senfuq̃ libidinis, dum vixit caruit. VI
Der S. Aloysius empfahet von Maria die Gnad
der Kheischeit, wierdt auch hiedurch von aller
beaterlikheit des Zühns undt des Leibs befreiet

B. Aloysius inculpabilis defectus ad=
monitus a Superiore, ad ciusdem pedes
deprecabundus procidit
Der S. Aloysius einige unsträfflichen
mangels von den Obern vermahnet, bitet
solchen khnüendt ab   VII

Hart war das Noviziat bei den Jesuiten in Rom. Auch auf den vornehmen, einst adeligen Aloysius nahm es keine Rücksicht. Gottesverehrung und Nächstenliebe kannte er schon von Kindheit an. Absoluter Gehorsam war ihm noch nicht so ganz geläufig. Schon als Kind hatte er seine Diener, die ihm dienen mussten.

So kniet er nun vor seinem Jesuitenobern, reuig die Hände gefaltet. Der Obere hat mahnend, aber auch verzeihend seinen Finger erhoben, so als gäbe er ihm die Absolution. In dem Zimmer hängt das Brustbild eines Jesuiten, welcher dem Bildbetrachter belehrend ein aufgeschlagenes Buch entgegen hält. Es könnte der Ordensgründer Ignatius mit den „Experimentas" sein. Durch einen Türrahmen kann man in einen Gang blicken, in dem ein Novize damit beschäftigt ist, mit einem Wisch auf einer langen Stange das Gewölbe zu reinigen. Einem Novizen ist kein Dienst zu gering.

B. Aloysius inculpabilis defectûs ad=
monitus à Superiôre, ad eiusdem pedes
    deprecabundus procidit.
Der S. Aloysius einiges Unsträfflichen
mangels von den Obern vermahnet, bitet
        solchn khnuendt ab.   VII

B. Aloysius amore silentij Card:
Roboreo logui nisi impetrata prius
facultate reuit.
Der S. Aloysius wollte auß lieb der
Regl mit Car. Roboreo nicht röden
als nach erhaltener erlaubnus VIII

Im Innenhof des römischen Jesuitenklosters. Bei einer Türe hängt das Schildchen „SILENTIUM". Die Schwatzhaftigkeit der Welt endet hier. Darauf weist der Novize Luigi die hohen Herren der Kurie und feinen Herren der Gesellschaft hin, selbst den mächtigen und einflussreichen Kardinal Roboreo. Dieser prächtig gewandete, dem Essen und Trinken nicht abgeneigte Kardinal gibt durch seine Fingerhaltung zu verstehen, dass er Aloysius verstanden hat. Der begleitende Kardinal und ein Höfling schauen fragend drein. Sie verstehen den Jesuitennovizen nicht. Ein Kardinal, ein Papstwähler, darf immer reden, wenn er will und wo man ist. Er steht über einem Ordensgebot?

B. Aloysius amore Silentij Card.
Roboreo loqui, nisi impetrata prius
facultate renuit.
Der F. Aloysius wolte auß lieb der
Regl mit Card. Roboreo nicht röden
als nach erhaltener erlaubnüs VIII

B. Aloysius se ad studia, vel dicendum
paraturus, precibus ante S.S. Eucharistiam
fusis lumen impetrat.
Der S. Aloysius erhaltet durch vorgehentes
gebett vor den Hochwierdigen grosses liecht
in seinem Studieren   IX

Aloysius wendet sich vom Lesepult, auf dem ein aufgeschlagenes Buch liegt, eine Schreibfeder in einem Tintenfass steckt und ein Heiligenbildchen steht, ab und kniet sich vor dem Altar nieder, auf dem in einer Monstranz das Allerheiligste ausgesetzt ist. Es strahlt allen, die es begreifen mögen und können.
Vielleicht hat Aloysius gerade eine Schrift studiert, vielleicht hat er auch gerade Aufzeichnungen gemacht. Nun aber drängt es ihn nach der Verehrung Gottes im Allerheiligsten Altarsakrament, denn nichts ist dieser Verehrung vorzuziehen Vielleicht hat Aloisius auch nicht alles verstanden, was er soeben gelesen hat. Erst als er sich kniend dem Allerheiligsten zuwendet und demütig im Lichte der Eucharistie um Erleuchtung betet, kommt über ihn der Geist der Erkenntnis. Die Wolken weichen zurück, Himmelstrahlen brechen in den Raum und erleuchten Aloysius.
Gelehrsamkeit allein reicht nicht aus, weil die richtige Perspektive fehlt. Erleuchtung kommt letztlich durch das Gebet. Und überhaupt, die geweihte Hostie in der Monstranz ist die direkte Anwesenheit Gottes. Von ihm geht alle Erkenntnis und alle Erleuchtung aus.

B. Aloysius se ad studia, vel dicendum
paraturus, precibus ante SS. Eucharistiam
fusis lumen impetrat.

Der S. Aloysius erhaltet durch vorgehentes
Gebett vor den Hochwierdigen grosses liecht
in seinem Studieren.　　IX.

B. Aloysius Philosophiam defensurus
quaerit num ad sui confusionem studio
imperite respondere possit
Der S: Aloysius als er die Philosophiy
öffentlich verfechtete wollte sich mit fleiß
untüchtig erzeigen.   X

Dank seines Vorwissens und seiner hohen geistigen
Fähigkeiten durfte Aloysius sein Philosophiestudium
schon im November 1587 mit einer Disputation
abschließen.

Aloysius steht am Rednerpult in der Aula der
Jesuitenuniversität, dem Collegio Romano. Über dem
Pult hängt die Liste der Thesen, die es zu verteidigen
gilt. Er tut es zurückhaltend überlegen. Immer wieder
meint der bescheidene Novize, dass diese Argumente
nicht von ihm stammen, dass man alles eigentlich viel
besser machen könnte, dass er unwürdig ist, diese
Disputation zu führen. Gestreng sitzt über ihm ein
Professor, welcher die Disputation leitet. Zwei Bilder
von heiligen, jesuitischen Gelehrten schauen hoch von
der Wand aus zu. Im Saal aber halten sich neben
Jesuiten und edlen Männern drei Kardinäle auf: della
Rovere, Vincenzo Laureo und ein Gonzaga. Sie alle
sind gekommen, um Aloisius zu hören und sie sind
erstaunt über seine Worte. Sie fragen sich, wie kann
ein Novize, noch dazu ein ehemals Adeliger, so klug
argumentieren?

B. Aloysius Philosophiam defensurus
quærit, nnm ad sui confusionem studio
imperite respondere possit.

Der S. Aloysius als er die Philosophi
offentlich verfechtete wolte sich mit fleiß
untüchtig erzeigen.

B. Aloys co zelo concionatur ut tota
nocte plures Sacerdotes confessionibus
audiendis occuparentur
Nach eiffriger Predig des S. Aloysii
müesten vill Priester die ganze Nacht
in beicht=hören zuebringen   XI

In einer römischen Kirche, vielleicht Il Gesu, vielleicht San Ignazio. Im Hintergrund erkennt man die kassettierte Halbkuppel der Apsis, lastend auf mächtigen Säulen, und davor den Hochaltar. An der Seitenwand hängt eine Empore, besetzt mit Adeligen, welche zur Kanzel führt.

Auf dieser steht Aloysius, sein Birett auf dem Haupt, umstrahlt vom Schein der Weisheit. Mahnend hat der Prediger seinen Finger erhoben. Vielleicht predigt er gerade von der Barmherzigkeit Gottes, der auch dem größten Sünder vergibt, wenn er bereut. Er könnte aber auch von der Hölle predigen, die dem Ungläubigen und dem Nichtreuigen droht. Auf jeden Fall drängt sich unter der Kanzel viel Volk, um Aloysius zu hören, und einer hat sogar eine Säulenbasis erklommen, um den Prediger zu sehen. Die Predigt ergreift die Zuhörer: Eine Frau beginnt ob ihrer vor Augen gestellten Sünden zu weinen, ein Wohlhabender gibt einem Krüppel ein reichlich bemessenes Almosen. Die Gläubigen sind so ergriffen, dass es sie zur Beichte drängt. Und so sind unter der Empore zwei Priester beschäftigt, den Reuigen die Beichte abzunehmen und die Absolution zu erteilen.

B. Aloys. eo zelo concionatur, ut totâ
nocte plures Sacerdotes confessionibus
audiendis occuparentur.
Nach eijffriger Predig des S. Aloysij
müesten vill Priester die ganze Nacht
in beicht=hören zuebringen. XI.

B. Aloysius olim Marchio scutellas
in culina lavat, vilissimaque munia obit
Der S. Aloysius üebet sich in den
Küchen=dienst undt anderen Werkhen
der Demuth   XII

Geschäftigkeit herrscht in der Großküche des römischen Jesuitenklosters. Über der Türe und an der Wand stehen Teller auf Rahmen. Über einer offenen Feuerstelle steigt Rauch in den Abzug. Loderndes Feuer erhitzt einen Wasserkessel.

Durch die Hintertüre bringt jemand in einer Kraxe Brennholz herein. Ein anderer hebt ein Schaff mit heißem Wasser zum Spülen vom Feuer. Ein Weiterer trocknet Teller ab. Aloysius aber steht mit umgebundener Schürze an einem Hocker, auf welchem ein Wasserschaff steht, und wäscht Teller. Er ärgert sich nicht darüber, denn er ist jetzt ein ganz normaler Novize. Er tut es gern und sein Haupt strahlt.

Er, der einst Adelige, verrichtet niedrigste Dienste. Er will dienen und sich nicht bedienen lassen, so wie es in der Bibel steht (Mk 10, 45). Er will neben geistiger Arbeit auch körperliche Arbeit leisten.

B. Aloysius olim Marchio scutellas
in culina lavat, vilissimáq, munia obit.

Der H. Aloysius üebet sich in den
Küchl=dienst undt anderen Werckhen
der Demüeth.   XII

B Aloysius humeris sacco oneratis
stipem Romae per Urbem mendicat.
Der S. Aloysius betlet durch die Stadt
Rom öffentlich das Allmosen   *XII*

Rom mit seinen Palästen und Türmen und dazwischen aufragenden Kirchen mit gewaltigen Kuppeln und Kühlung bietenden Springbrunnen. Über dem Kopfsteinpflaster der ewigen Stadt reitet ein vornehmer Adeliger, auf seinem Kopf einen ausladenden Federhut. Aloysius, aus dem Hause derer von Gonzaga, von Geburt nicht minder vornehm, geht auf ihn zu, so dass das Pferd leicht zur Seite scheut. Er hat den Hut gezogen und er bittet den Reiter um eine Gabe für die Armen Roms. Er schämt sich nicht, dies vor Kindern, vor Dienern und einem Notar mit Perücke zu tun. Bisher hat Luigi erfolgreich gebettelt. Sein Bettelsack ist schon voll und muss von einem Kind gestützt werden. Auch sein Mitbruder schleppt einen gefüllten Sack.

Welche Erniedrigung eines Gonzagas, zu betteln! Aber kann Gutestun eine Erniedrigung sein? Denn, wer sich erniedrigt, wird erhöht!

B. Aloysius humeris sacco oneratis
stipem Romæ per Urbem mendicat.

Der H. Aloysius bettet durch die Studt
Rom offentlich das Allmosen.

XIII

B. Aloysius e pectore prae amore Dei
intumescente sentit veluti flammam
erumpere
auß grösse der Lieb Gottes empfündet
der S. Aloysius aus seiner brust gleisa[m]
flammen entspringen   XIV

Auf einer römischen Gartenterrasse. Zypressen spitzen in den römischen Himmel und Pinien rascheln duftend im Winde. Jesuiten genießen flanierend ihre Erholungsstunde, so auch Aloysius. Sein ganzes Denken ist auch in dieser Stunde ganz auf Gott hin gerichtet. Sein Herz wird unruhig, es erregt sich und entflammt aus Gottesliebe. Visionär richtet er seinen Blick nach oben. Ihm scheint, als stößt durch die Wolken ein Engel und will ihm einen Pfeil ins Herz schießen. Er fällt in Ekstase. Zwei Mitnovizen können ihn gerade noch auffangen, ehe er zu Boden sinkt. Auch die Umstehenden werden Zeugen einer mystischen Vision des Aloysius und er wird ihnen zum Vorbild werden.

B. Aloysius è pectore præ amore Dei
intumescente sentit veluti flammam
Derumpere.

Auß grösse der Lieb Gottes empfundet
der S. Aloysius auß seiner brüst gleichsa.
flamen entspringen. XIV.

B. Aloysius obtenta Superiorum venia
cibos pauperibus ad Collegii fores distribuit.
Mit erlaubnus deren obern thejlet der
S. Aloysius denen Armen offentlich die
speissen aus   XV

Zwischen römischen Stadtpalästen steht das Novizenhaus der Jesuiten. Über dem Eingang zeigt sich die Kartusche mit den Buchstaben IHS (Jesus, Heiland, Seligmacher), darüber ein Kreuz, darunter drei Nägel, Symbol der Jesuiten..

Vor dem Jesuitenhaus haben sich Arme mit leeren Gefäßen, die hoffen, gefüllt zu werden, eingefunden. Es muss Winter in Rom sein, denn sie sind in Mäntel gehüllt.

Aloysius und ein Mitbruder sind mit Tellern voller Speisen vor die Türe getreten, um sie dort zu verteilen. Aloysius tut es gern, dieses Werk der Barmherzigkeit, und deshalb strahlt sein Haupt. Für ihn ist es keine lästige Pflicht, sondern eine freudige Aufgabe.

B. Aloysius obtenta Superiorum venia
cibos pauperibus ad Collegij fores distribuit.

Mit erlaubnus deren obern theilet der
S. Aloysius denen Armen offentlich die
speissen auss. XV

Lue Romae grassante B. Aloys. aegris in
valetudinario publico cum Socys inservit
Wehrendter seühe bedienet der S. Aloysius
zu Rohm in offentliche Spital die Khrankhe XVI

Erste Sonnenstrahlen scheinen und Wärme fließt durch ein geöffnetes Fenster in einen Spitalraum, dessen Decke auf mächtigen Pfeilern liegt. In diesem tätigen Jesuiten das Werk der Barmherzigkeit: Die Kranken pflegen. Mitten im Raum steht ein Krankenbett, welches ein Kranker mit nacktem Oberkörper, gestützt auf Krücken, gerade verlassen hat und das nun von einem Bruder aufgeschüttelt wird. Ein weiterer Jesuit bringt einen Krug mit frischem Wasser ins Zimmer. Und noch einer führt einem am Boden sitzenden Kranken, dessen Körper nur von einem Tuch umwickelt ist, eine Trinkschale zum Mund. Im Vordergrund aber kniet Aloysius, über sein Gewand eine Schürze gebunden, und wäscht einem vor ihm sitzenden Kranken ein Bein. Sein Haupt wird von einem Nimbus umstrahlt. Man fühlt sich erinnert an die Fußwaschung beim Letzten Abendmahl.

Aloysius ist nicht nur der betende und sich kasteiende Heilige. Er ist auch der Heilige tätiger Nächstenliebe. Heiligkeit ist nicht nur Gnade sondern auch Tat.

Lue Romæ graſſante B. Aloyſ. ægris in
valetudinario publico cum Socijs inſervit.

Wehrender Seuhe bedienet der S. Aloysius
zü Rohm in offentliche ſpital die Khrankhe.

XVI

B. Aloysius unius e Sociis animam in
coelum ferri videt
Der S. Aloysius sicht eines auß der
Societet verstorbenen seel gehn
himmel auffahren   XVII

Im Vordergrundschatten halbiert eine Säule das Bild.
In der einen Hälfte erkennt man ein Krankenzimmer.
Hier liegen im Hintergrund zwei Kranke in Betten
und werden von einem Jesuiten gepflegt. Im
Vordergrund haucht ein Sterbender, mit Blick auf ein
Kreuz, welches ihm ein Jesuit entgegen hält, sein
Leben aus.
Auf der anderen Seite des Bildes sieht man Aloysius
auf einer schmalen Gartenterrasse, gekleidet in Talar
und Chorhemd, das Brevier in der Hand. Gerade in
dem Moment, als drinnen ein Kranker stirbt, sieht
Aloysius die Seele des Verstorbenen, von zwei Engeln
unterstützt, in den Himmel auffahren.

Nach Aloysius war das Ziel des Lebens der Himmel.
Für ihn war die entscheidende Lebensfrage: Wie muss
ich leben, um in den Himmel zu kommen. Das
Sterben verliert für ihn, angesichts des nahen
Himmels, jeden Schrecken.

B. Aloysius unius è Socijs animam in
cælum ferri videt.

Der S. Aloysius sicht eines auß der
Societet verstorbenen seel gehn himmel
auffahren.   XVII

83

B. Aloysius amaram potionem ut gustum
mortificaret, tarde sorbillans sumit
Der S. Aloysius geniest zu seiner abtöt
ung ein sehr häntiges Tränklein ganz
langsam   XVIII

Wind weht den Fenstervorhang zurück und bringt
neue Luft in das Krankenzimmer, in welchem
Aloysius liegt. Das Bild, das über ihm hängt, zeigt den
römischen Soldat, der Christus am Kreuz einen
Schwamm, getränkt mit bitterer Galle, reicht. Ein
Mitbruder führt Aloysius, der „seine" Lilie hält, einen
Becher mit bitterer Medizin zum Mund. Der Kranke
trinkt in kleinen Schlücken. Wie Christus am Kreuz,
so will er die Bitterkeit der Medizin erleiden.
Aloysius will seine Krankheit am Leiden von Christus
am Kreuz ausrichten. Sein ganzes Leben orientierte
sich am Leben des Erlösers, um auch an seiner
Herrlichkeit der Auferstehung teilzuhaben.

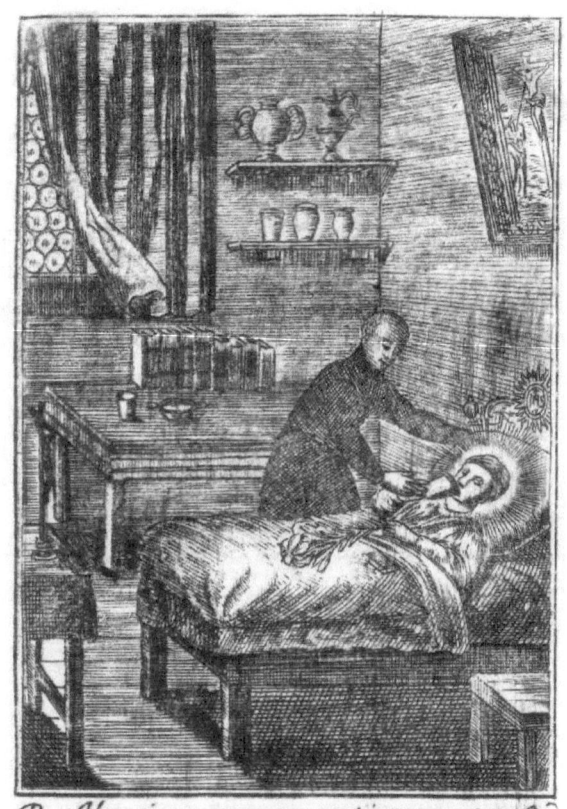

B. Aloysius amaram potionem, ut gustu
mortificaret, tardè sorbillans sumit.

Der H. Aloysius geneist zu seiner abtöt-
tung ein sehr häntiges tränklein ganz
langsam.   XVIII

B. Aloysius totam fere noctem in extasim
raptus coelum videt et suae mortis horam intelligit
Der S. Aloysius ein fast gantze Nacht ausser
sich verzukht, sihet an den Himel und wierdt
gewahr seiner letzen lebens stund. XIX

Aloysius hat sich bei der Krankenpflege angesteckt. Nun liegt er fiebernd im Krankenbett. Sein Haupt umstrahlt ein Lichtkranz. Vor ihm auf der Bettdecke liegt ein Gebetbuch und „seine" Lilie. Parallel zum Bett steht eine Mensa, auf der sich ein Kruzifix befindet, so dass der Gekreuzigte ihn ständig anschaut. Der Blick des Kranken richtet sich gen Himmel, den er offen sieht (Apg 7,56). Er hat beide Arme leicht erhoben, um von oben zu empfangen. Seine ruhigen Blicke folgen einem Strahlenbündel, welches durch Wolken bricht. Er sieht in den Wolken zwei Engel schweben. Der eine deutet ihm durch ein Stundenglas, dass seine Lebenszeit fast abgelaufen ist. Nun weiß sich Aloysius seinem Ziel ganz nahe. Der andere Engel hält zwei flatternde Spruchbänder auf denen steht: „Imus" (wir gehen) und „Laetantes" (Jubel). Aloysius freut sich, die Erde verlassen zu dürfen, um jubilierend in den Himmel zu kommen. Dort aber sieht er die Gottesmutter mit ihrem Kinde, die er zeitlebens so verehrte. Sie warten schon auf ihn. Er erfährt im Sterben die Gnade zu wissen, dass er das Ziel seiner irdischen Bemühungen, den Himmel, bald erreichen wird. „Wer so stirbt, der stirbt wohl!"

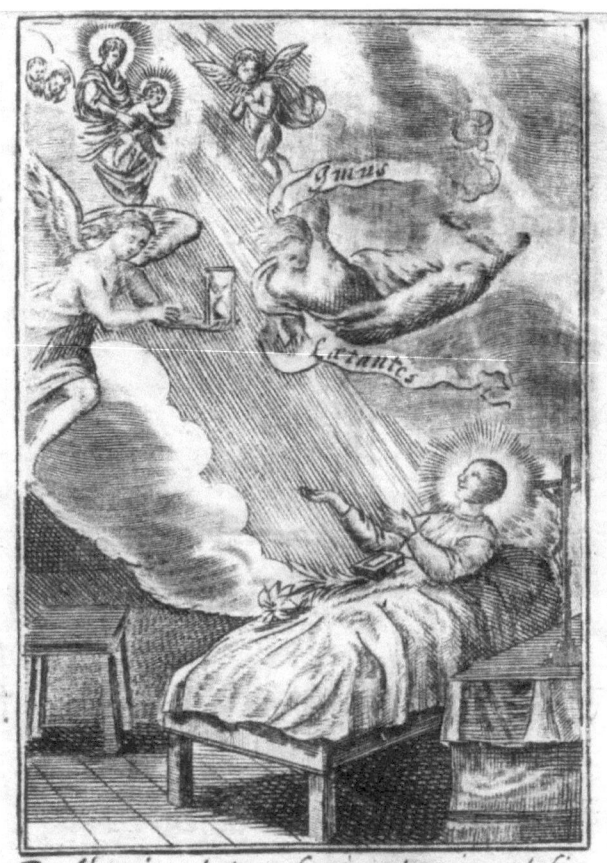

B. Aloysius totam fere noctem in extasim
raptus cœlum videt, et suæ mortis horam
intelligit.

Der B. Aloysius ein fast gantze Nacht aüsser
sich verzükht / sihet an den Himel / undt wierdt
gewahr seiner letzten lebens-stundt. XIX

B. Aloysius laetus et canens nocte, qua
praedixit inter Sociorum preces pie obit
Der S. Aloysius stürbt ganz freydenvoll und singend eben
selbe Nacht wie er vorgesagt.   **XX**

Aloysius liegt auf seinem Sterbebett. Seine Hände umkrampfen eine noch brennende Kerze und ein Kreuz, auf welches er seinen sterbenden Blick richtet. Um ihn knien drei Jesuiten: betend, vorlesend, trauernd. Auch auf einem Tisch brennt die Kerze und wartet, zu erlöschen. Friedvoll liegt Aloysius, blickt nach oben und sieht schon, wie Engel seine Seele in die himmlische Stadt geleitet werden: *In paradisum deducant te angeli;in tuo adventu suscipiant te martyres,et perducant te in civitatem sanctam Ierusalem.*

Aloysius starb am 21. Juni 1591, in der Nacht von Fronleichnam, dem Tag der Verherrlichung des Altarsakraments, das für ihn so unendlich wichtig war. Er wurde 23 Jahre alt.

B. Aloysius lætus et canens nocte, qua
prædixit inter Sociorum preces pie obit.

Der S. Aloysius stürbt ganz freydenvoll
ündt singendt eben selbe Nacht, wie er
vorgesagt. XXIII

B Aloysi manus ante sepulturam omnes
etiam Sacerdtoes pio osculo venerantur.
Der S. Aloysius wierdt von allen auch Priestern vor seiner
begröbnis mit einem andechtigen Handtkhuß verehrt XXI

In Il Gesu führen zwei gewaltige Säulenreihen in die Tiefe zum Hochaltar. In dieser Jesuitenkirche liegt der leblose Körper des Aloysius auf einer nackten Holzbahre. Seine Ordensbrüder, eingehüllt in langen Mänteln, betrauern ihn. Mit brennenden Kerzen in ihren Händen ziehen sie zum Toten, um ihm seine erkaltete Hand zu küssen und sich so von ihm zu verabschieden.

Für Aloysius war das Sterben der entscheidende Augenblick und das Ziel seines Lebens. Für die Brüder war die Totenverehrung das letzte Werk der Barmherzigkeit an ihrem Mitbruder. Für sie war sicher, dass die Seele des Verstorbenen nun ihren Weg zum Himmel gegangen ist. Für sie wird der Weg des Verstorbenen Vorbild für den eigenen Weg zur Seligkeit sein.

B. Aloysij manus ante sepulturam omnes,
etiam Sacerdotes pio osculo venerantur.

Der S. Aloysius wierdt von allen / auch Priestrn
vor seiner begröbnüs mit einem andechtigen
handtkhüß verehret. XXI

Bᵃ Magdalena de Pazzis videt ma=
gnam in Coelo gloriam Beati Aloysij
Der S. Magdal: de Pazzis wierdt die
grosse glory des S. Aloysi in dem him
mel offenbart.   XXII

Die Florentiner Karmelitin Maria Magdalena Pazzi (1566 – 1607) liest gerade in ihrem Gebetbuch, als sie eine mystische Erfahrung macht. Sie sinkt vor dem sich öffnenden Himmel auf die Knie. Verzückt sieht sie im Himmel Aloysius, umgeben von musizierenden und jubilierenden Engeln.

Der fast gleichaltrige Aloysius, der ihr hier erscheint, war ihr 25 Jahre in den Himmel vorausgegangen. Eine stärkende Vision der Mystikerin, Aloysius schon jetzt im Himmel zu sehen.

B.ª Magdalena de Pazzis videt ma=
gnam in Cælo gloriam Beati Aloysij.

Der H. Magdal: de Pazzis wierdt die
grosse glori des H. Aloysij in dem him=
mel offenbart. XXII

B. Aloysius plurimis post mortem miraculis
claret, Communis tam in Corporis, quam
animi necessitatibus Patronus.
Der S. Aloysius scheinet nach seinem Todt
mit villen Wunderzeichen; ist ein allgemeiner
Patron so wohl in des leibs als der seellen anligen. XXIII,

In einer Kirche steht ein Barockaltar: mehrfeldriges, geschwungenes Antependium, von Akanthus belegtes Retable, seitlich davon kannelierte Lisenen hinter betenden Engeln, verkröpftes Gebälk, kleines Auszugbild. An der Altarseite hängen Votivgaben aus Wachs, Eisen und Holz: Arm, Bein, Herz, Lunge, Zeichen wunderbarer Heilungen. Das ovale Altarbild zeigt den hl. Aloysius mit einer Lilie in der Hand.
Der vor dem Altar Kniende fleht zu Aloysius, er möge seine Bitten vor den Thron Gottes bringen und dort um Erhörung bitten. Er kann zuversichtlich sein, dass sein Anliegen erhört wird, denn an der Kirchenwand, zwischen zwei Fenstern, hängt jemand gerade ein Votivbild auf und darüber hängen schon weitere Votivbilder: Aloysius hat geholfen.

Aloysius wurde schon 1605 selig gesprochen. Nachdem sich auf seine Fürsprache weitere zahlreiche Wunder ereigneten, sprach Papst Benedikt XIII. (*1649, 1724 – 1730) den Seligen 1726 heilig.

B. Aloysius plurimis post mortem miraculis
claret, Communis tam in Corporis, quàm
animi necessitatibus Patronus.
Der S. Aloysius scheinet nach seinem Todt
mit villen Wunderzeichen; ist ein allgemeiner
Patron so wohl in des leibs als der seellen anligen.

B. Aloysius Gonzaga de Statu vitae
eligendo deliberantium Singularis
Patronus
Der S. Aloysius Gonzage ein Sonder=
bahrer Patron deren so von der wahl
ihres lebens=standt sich berathschlagen. XXIV

Ein vornehm gekleideter Jüngling mit Allogenperücke erfleht vom hl. Aloyisus Rat, was er tun oder werden soll. Vor ihm liegen seine Möglichkeiten: die Welt in Ketten, Herz, Degen und Herrscherstab, aber auch das Exerzitienbuch des hl. Jgnatius unter einem Kreuz, liegen ihm zu Füßen.

Im verschatteten Hintergrund hält ein Engel mit einer Aloysius-Lilie einen Schild mit Kreuzritterkreuz und Wappen. Auch im weltlichen Stand läßt sich für Christus streiten.

Aloysius im Chorhemd über seiner Albe weist den Jüngling bei seiner Berufswahl auf Maria hin. Über dieser schwebt die Hl.-Geist-Taube. Ihr Haupt ist umstrahlt, der Mond und geflügelte Engelköpfe sind ihr zu Füßen, das Kind hält sie in ihrem Arm, sie steht auf Wolken. „Wende dich bei der Wahl deines Lebensstandes an sie und orientiere dich an ihr", sagt der Heilige. Auch das strahlendes IHS-Zeichen der Jesuiten erscheint am Himmel, so als wolle es auffordern, wie die Jesuiten, für den katholischen Glauben einzutreten, sei es gelegen oder ungelegen.

B. Aloysius Gonzaga de Statu vitæ
eligendo deliberantium Singularis
Patronus.
Der S. Aloysius Gonzaga ein Sonder
bahrer Patron deren so von der wahl
ihres lebens=standt sich berathschlagen.

97

B. Aloysius omni per vitam sensu
libidinis liber, castitatis Patronus
Der S. Aloysius von allen undümnblichen
begierlickheiten befreyet, ist ein absonderlicher
Patron der Kheischeit   *XXV*

Im sumpfigen Wasser waten eine nur Halbbekleidete,
ihr Liebhaber und ein Mandolinespieler.
Darüber gleitet das Schiff der Reinheit und
Keuschheit, in dem ein sittsames Ehepaar sitzt durch
die Wellen, an einem Felsen vorbei. Das aufgeblähte
Segel zeigt Maria, die Unbefleckte. An Mast und Segel
erblühen Lilien. In den Wolken erscheint der heilige
Aloysius mit seiner Lilie. Von ihm geht der Wind aus,
der das Schiff vorwärts treibt.

B. Aloysius omni per vitam sensu
libidinis liber, Castitatis Patronus.

Der H. Aloysius von allen unzimblichen
begierlichkeiten befreiet, ist ein absonderlicher
Patron der Kheischeit. XXV